A Última Mensagem

de Nelson Mandela para o Mundo

A Última Mensagem
de Nelson Mandela para o Mundo

Uma Conversa com Madiba Seis Horas
Após Sua Morte

Ryuho Okawa

2ª edição

IRH Press do Brasil

Copyright © 2014, 2013 Ryuho Okawa
Título do original em inglês: *Nelson Mandela's Last Message to the World – A Conversation with Madiba Six Hours After His Death*

Tradução para o português: IRH Press do Brasil
Edição: Wally Constantino
Revisão: Francisco José M. Couto
Diagramação: José Rodolfo Arantes
Capa: Maurício Geurgas
Imagem de capa: IRH Press Japão

IRH Press do Brasil Editora Limitada
Rua Domingos de Morais, 1154, 1º andar, sala 101
Vila Mariana, São Paulo – SP – Brasil, CEP 04010-100

Nenhuma parte desta publicação poderá ser reproduzida, copiada, armazenada em sistema digital ou transferida por qualquer meio, eletrônico, mecânico, fotocópia, gravação ou quaisquer outros, sem que haja permissão por escrito emitida pela Happy Science – Ciência da Felicidade do Brasil.

2ª edição
ISBN: 978-85-64658-15-8
Impressão: Paym Gráfica e Editora Ltda.

Mensagem Registrada em 6 de Dezembro de 2013
no palácio da Grande Iluminação, Happy Science, Tóquio.

Sumário

Notas da Editora 9
Prefácio 13

Entrevista Espiritual com Nelson Mandela

1

Ressurreição: Seis Horas Depois 17
Um Novo Corpo, um Novo Mandela 17
Mensagem da Minha Ressurreição, a Partir do Japão 19
A Verdade, a Justiça e a Vontade de Deus 22

2

Visitando o Mestre Ryuho Okawa 25
Apresentado pelo Espírito de Margaret Thatcher 25
Por que Ele Foi Diretamente ao Mestre Okawa após Sua Morte 28

3
A Segunda Guerra Mundial, o Japão e o Apartheid 31

O Japão Lutou pela Libertação da Ásia e da África 31

O Amor de Cristo Foi Substituído pelo Sentimento de Superioridade da Raça Branca 32

Se o Japão Tivesse Vencido, o Apartheid Não Teria Existido 34

Israel de Hoje É Semelhante à Alemanha de Hitler 37

4
Dias de Perseverança 39

Esperança, Amor e Oração durante a Prisão 39

Dois Espíritos Superiores Que Me Inspiraram Enquanto Estive na Prisão 40

5
Querida África 43

A Chave para Solucionar os Problemas da Diferença de Renda e da Pobreza 43

Contando com a Educação do Japão e a Força da Mulher Japonesa 45

6
A China e a Democracia 49
A Falta de Amor e de Compaixão da China 49
A Elite Não Percebe o Que É a Democracia 50
A Informação Cria Chances, as Chances
Criam Igualdade 51

7
As Almas Não Possuem Cor 53
A África Precisa da Moral Religiosa 53
O Próprio Japão Deve Proteger Seu Povo 54
Novo Pensamento para Unir as Diferenças 57
Provando a Existência da Vida Após a Morte 57

8
A Última Mensagem 61
Nascido como um Grande Filho de Escravos
Que Se Tornou Rei 61
Acredite em um Super Cristo,
em um Super Buda 63

9
Após a Canalização da Mensagem Espiritual 65

Sobre o Autor 67
Sobre a Happy Science 69
Contatos 71
Outros Livros de Ryuho Okawa 75

Notas da Editora

O Que São Mensagens Espirituais?

Desde 2010, o mestre Okawa já publicou mais de 200 livros contendo mensagens espirituais recebidas de espíritos famosos da História e também dos espíritos guardiões de pessoas que ainda estão vivas. Essas mensagens estão sendo traduzidas do japonês e do inglês para várias línguas e publicadas como uma Série de Mensagens Espirituais, em vários países. Os livros dessa série trazem mensagens de espíritos desencarnados e espíritos de anjos guardiões de indivíduos com grande influência no mundo político, social e religioso da atualidade, revelando as intenções ocultas dessas pessoas e fatos que nem mesmo os repórteres mais habilidosos conseguiriam desvendar e trazer a público.

Análises espirituais profundas dessas mensagens realizadas pelo mestre Okawa revelam que os seres humanos precisam compreender e se preparar para os perigos que o futuro nos reserva. O mestre Okawa deseja provar que o mundo espiritual e os espíritos são reais e que, ao compreenderem a verdade sobre o espírito, os seres humanos serão capazes de promover a paz mundial, colocando um fim nos conflitos internacionais ou religiosos, e encontrar soluções para as crises globais.

Por ter atingido um elevado grau de iluminação espiritual, o mestre Okawa possui a capacidade de invocar a presença de qualquer espírito, independentemente da dimensão espiritual em que ele se encontre, seja de mundos superiores ou inferiores. Assim, para orientar as pessoas, esclarecer diferentes aspectos e revelar o real pensamento e os ideais de indivíduos famosos que influenciaram a tendência mundial, o mestre Okawa tem invocado e canalizado, diante de um público selecionado, mensagens espirituais dos espíritos guardiões ou do próprio espírito dos fundadores de religiões, espiritualistas, filósofos, economistas, educadores, cientistas e governantes de todas as partes do mundo, do presente ou do passado, gravando-as em vídeo e publicando-as em forma de livros. Até o presente momento, o mestre Okawa já gravou mais de 2100 palestras.

A forma como o mestre Okawa recebe as mensagens espirituais é fundamentalmente diferente da maneira como outros médiuns e sensitivos comuns operam, que em geral entram num estado de transe e ficam sob o controle do espírito canalizado. O mestre Okawa, por possuir um elevadíssimo grau de iluminação, mantém plena consciência e o controle de seu corpo durante o período em que está canalizando a mensagem. No entanto, para que os espíritos possam expressar suas opiniões e pensamentos livremente, o mestre Okawa suaviza o nível de dominância e interferência de sua própria consciência, permitindo que as mensagens expressem o puro pensamento do espírito canalizado, sem interferir em suas filosofias.

Quando o espírito canalizado não fala a língua japonesa, o mestre Okawa permite que o espírito utilize seu centro de controle da fala e da compreensão para que seja possível se comunicar em japonês ou inglês. Se, mesmo assim, o espírito não conseguir se comunicar nesses idiomas,

Notas da Editora

o mestre pode fazer uso de espíritos tradutores que intermedeiam a conversação com ele.

Muitos espíritos que viveram no passado remoto estão bem informados sobre os eventos que ocorrem hoje na Terra, sobretudo aqueles que assumiram a tarefa de guiar indivíduos que se encontram encarnados neste mundo. Por isso, eles se mantêm atualizados quanto aos fatos que estão ocorrendo no mundo, para que possam obter informações úteis para sua atuação.

Notas especiais

Este livro é a transcrição da mensagem espiritual transmitida pelo espírito de Nelson Mandela. Ela foi recebida por meio de canalização pelo mestre Ryuho Okawa.

É importante ressaltar que essas mensagens expressam as opiniões dos espíritos isoladamente, e podem ser contrárias aos ensinamentos do mestre Okawa, não representando necessariamente as ideias e os ensinamentos transmitidos pela Happy Science.

Prefácio

Foi uma manhã muito impressionante. Quando eu estava vendo o noticiário da CNN, anunciou-se em noticiário de urgência que Nelson Mandela havia falecido. E haviam passado somente cerca de 4 horas daquele momento.

Era de se esperar que ele pudesse aparecer diante de mim a qualquer momento. Eu diria que "ele surgiu" de forma natural, assim como ocorreu com a sra. Margareth Thatcher.

Eu gostaria de revelar ao povo africano, e também a todas as pessoas do mundo, que Nelson Mandela é um "Grandioso Anjo de Luz".

Ele trouxe novas esperanças para este planeta. Peço-lhes que ouçam sua "última mensagem" e reflitam profundamente sobre o significado do que é ser "invencível".

Ryuho Okawa
10 de dezembro de 2013

Nelson Rolihlahla Mandela (1918 - 2013)

Foi um revolucionário sul-africano contra a política racista do *apartheid* e tornou-se o primeiro presidente negro da África do Sul. Nasceu em 1918 e se envolveu com o movimento *antiapartheid* aos 20 anos, passando a fazer parte do Congresso Nacional Africano, um grupo de luta pela libertação negra, em 1944. Em 1964, foi condenado à prisão por traição. Ele recusou-se a aceitar a liberdade "condicional" oferecida pelo governo sul-africano e permaneceu na prisão até 1990. No ano seguinte, tornou-se o presidente do Congresso Nacional Africano e, junto com o presidente F. W. Klerk, extinguiu o movimento racista e conduziu uma transição pacífica para uma democracia não racial no Sul da África. Em 1993, recebeu o Prêmio Nobel da Paz. Em 1994, Mandela elegeu-se como o primeiro presidente negro da África do Sul. Mandela faleceu em Joanesburgo em 5 de dezembro de 2013, aos 95 anos de idade.

Entrevistadores[1]

Masashi Ishikawa
Vice-Secretário Geral,
Primeira Divisão de Secretários
Departamento de Assuntos Religiosos

Ai Saito
Diretora Executiva e Chefe do Secretariado,
Primeira Divisão de Secretários
Departamento de Assuntos Religiosos

Kazuhiro Ichikawa
Diretor-Geral Sênior
Diretor Chefe do Departamento Internacional

As mensagens espirituais e as respostas foram originalmente formuladas em inglês e os comentários iniciais e finais em japonês.

Lembramos que as opiniões dos espíritos não refletem necessariamente os ensinamentos transmitidos pela Happy Science.

---

1. Os cargos dos entrevistadores referem-se às posições hierárquicas deles na época da entrevista.

Ressurreição: Seis Horas Depois

Um Novo Corpo, um Novo Mandela

Nota da editora: Diferentemente do usual, em que o mestre Okawa invoca o espírito a ser entrevistado, o espírito de Nelson Mandela já se encontrava incorporado no mestre quando ele entrou na sala. Okawa tinha os olhos semicerrados quando tomou o assento.

MANDELA:
Bom dia.

MASASHI ISHIKAWA:
Bom dia, presidente Mandela.

MANDELA:
O mestre Okawa se foi. *[Risos na audiência]*

ISHIKAWA:
Não, não!

MANDELA:
Eu...

ISHIKAWA:
Você acabou de falecer...

MANDELA:
Agora, Nelson Mandela tem um novo corpo[2].
Bem, sou um novo Mandela. Parece que estou sentindo a diferença do fuso horário...

ISHIKAWA:
Sim, estou vendo.

MANDELA:
Não há com o que se preocupar.

AI SAITO:
Com o quê? Com a transição deste mundo para o outro mundo?

MANDELA:
Estou dormindo.

ISHIKAWA:
É porque você faleceu há apenas sete horas, não?

MANDELA:
Não, não, foi apenas a algumas horas.

---

2. Ele está se referindo ao fato de estar incorporado no mestre Okawa transmitindo a mensagem.

AI SAITO:
Então, você tem consciência de que desencarnou?

MANDELA:
Quem é você?

AI SAITO: Eu sou Ai Saito, da Happy Science.

MANDELA:
Ai Saito, Ai Saito, Ai Saito. Huuum. Ai Saito, Ai Saito. Quem é mesmo? Ai Saito?

AI SAITO:
Sim, meu nome é Ai. Muito obrigado por nos permitir entrevistá-lo hoje.

MANDELA:
Desculpe, estou com muito sono. Mais devagar, por favor.

Mensagem da Minha Ressurreição, a Partir do Japão

AI SAITO:
Compreendo. Então, como se sente agora? Está melhor?

MANDELA:
[Olhando para o sr. Ichikawa]. Quem é você?

KAZUHIRO ICHIKAWA:
Meu nome é Kazuhiro Ichikawa. Sou do Departamento Internacional da Happy Science.

MANDELA:
Happy, Happy, Happy Science *[Levanta as mãos e balança o corpo, cantando um pedaço da música "Bem-vindo à Happy Science", que foi usada na abertura da palestra do mestre Okawa realizada em Uganda.]*

ICHIKAWA:
Happy Science.

MANDELA:
Happy, happy, Happy Science *[cantando]*. Eu sei, eu sei. Happy Science.

ICHIKAWA:
Obrigado.

MANDELA:
Happy, happy, Happy Science *[continua a cantar]*.

ICHIKAWA:
Você conhece essa música? Sentimo-nos gratos por conhecer a Happy Science.

MANDELA:
Sim, ela é bem famosa na África.

ICHIKAWA:
Muito obrigado. Na verdade, o mestre Okawa deu uma grande palestra em Uganda, no ano passado.

MANDELA:
Ah, eu sinto muito por perder uma pessoa tão grandiosa. Sinto muito pelo mestre. Eu renasci aqui no Japão. Por isso, o mestre se foi para algum lugar deste universo. Até logo.

Adeus, mestre. Você foi grandioso!

SAITO:
Não, não é bem assim...

MANDELA:
Mas ele foi uma pessoa famosa neste mundo.

ISHIKAWA:
Parece-me que esta é uma espécie de ressurreição.

MANDELA:
Ressurreição? Exato, você está certo! Muito certo!

ISHIKAWA:
Bem, o nosso tema de hoje é a Mensagem Espiritual do presidente Nelson Mandela.

MANDELA:
Ah, eu sei. Já sei.

ISHIKAWA:
Você foi muito famoso e um símbolo, um ícone da erradicação da supremacia da raça branca.

MANDELA:
Eu sei, eu sei. Conheço pessoas de todas as partes do mundo. *[Olhando para as pessoas da plateia.]* Desculpe, mas só tem japoneses aqui. No entanto, todas as pessoas do mundo precisam tomar conhecimento desta mensagem da minha ressurreição a partir do Japão. O Japão será o próximo líder mundial!

ISHIKAWA:
Sim, isso mesmo. Com certeza.

ICHIKAWA:
Muito obrigado. Nós agradecemos muito.

MANDELA:
[Levanta a mão para o público presente.] Olá!
[A plateia ri.]

A Verdade, a Justiça e a Vontade de Deus

ICHIKAWA:
Gostaríamos que nos contasse de que "modo" era a sua paixão.

MANDELA:
Sobre a moda?

ICHIKAWA:
Não, sobre a sua paixão.

MANDELA:
Ah, sim, paixão. Paixão, amor?

ICHIKAWA:
Você foi um grande líder do movimento *antiapartheid*.

MANDELA:
Apartheid? O que tem ele? Qual é o problema?

ICHIKAWA:
Por que você atuou nesse movimento?

MANDELA:
Por quê? Somente pela Verdade. Pela Justiça. Pela Vontade de Deus.

ISHIKAWA:
Por causa disso, você acabou ficando 27 anos na prisão?

MANDELA:
Foram longos 27 anos... que já ficaram no passado.

ISHIKAWA:
Você foi libertado em 1990 e recebeu o Prêmio Nobel da Paz em 1993.

MANDELA:
Sim, você está certo.

ISHIKAWA:
E em 1994, você se tornou o primeiro presidente negro.

MANDELA:
Presidente negro? Negro não!

ISHIKAWA:
Perdão.

MANDELA:
Por favor, tire a palavra "negro" de sua fala. Eu fui o primeiro presidente famoso da África do Sul.

ISHIKAWA:
Sim, assim como o presidente Obama e outras pessoas...

MANDELA:
O presidente Obama não é negro.

ISHIKAWA:
Ele é afro-americano.

MANDELA:
Ele era mestiço. Filho de brancos e negros.

Visitando o Mestre Ryuho Okawa

Apresentado pelo Espírito de Margaret Thatcher

ISHIKAWA:
Gostaríamos de saber sobre a sua coragem, ousadia, espírito de luta para realizar a vontade de Deus. Poderia nos dar algumas dicas e conselhos?

MANDELA:
Aqui é o Japão, certo?

ISHIKAWA:
Sim.

MANDELA:
Por que estou no Japão?... Sinto muito sono....

ISHIKAWA:
Na verdade, o mestre Okawa é...

MANDELA:
Na África do Sul, o espírito de Margaret Thatcher veio e

me falou a respeito do mestre Okawa.[3] Ela disse que "seria conveniente enviar uma mensagem espiritual para os povos do mundo pelo mestre Okawa". E também o espírito do sr. Kennedy recomendou isso.

ISHIKAWA:
Este é um ano muito especial.

MANDELA:
Um ano especial?

ISHIKAWA:
Este ano comemora-se o 50º aniversário da Grande Marcha, em Washington.

MANDELA:
O 50º Aniversário? Eu sei. Eu sei.

ISHIKAWA:
Por isso, esta ocasião é muito preciosa.

MANDELA:
Eu sei. É ano do negro. Ok, ok, ok.

ICHIKAWA:
O que você acha do dr. Martin Luther King Jr.?

---

3. A ex-primeira-ministra da Inglaterra Margareth Thatcher enviou uma mensagem espiritual pelo mestre Okawa, na Matriz da Happy Science, dezenove horas após a sua morte.

MANDELA:
Hum, Martin Luther King Jr.? O Martin Luther King Jr. foi assassinado.

ICHIKAWA:
Sim, ele foi assassinado. O que você acha disso?

MANDELA:
Bem, lá eram os Estados Unidos. E isso foi há 50 anos. Já faz um tempão, velhos tempos. Assim é a América. Ela precisa ser libertada. Isto é, a liberdade deles precisava ser garantida. Mas na África do Sul é bem diferente. A situação é muito diferente.
    Martin Luther King Jr. previu que poderia ser assassinado. Eu era considerado um "criminoso" desde o início da minha juventude. Mas essa não era a vontade de Deus.

ISHIKAWA:
Martin Luther King Jr. também ficou um tempo preso. No entanto, Kennedy, antes de se tornar presidente, telefonou para Coretta Scott King e graças ao seu apoio Martin Luther King foi libertado. Acho que você passou por algo semelhante.

MANDELA:
Semelhança? Será que você realmente compreende o que é o *apartheid*? Semelhança? Será?

ISHIKAWA:
Perdão. Eu não conheço bem.

MANDELA:
É muito diferente. Bem diferente.

Por que Ele Foi Diretamente ao Mestre Okawa após Sua Morte

ISHIKAWA:
Você conseguiu resistir por 27 anos na prisão. Acredito que você é uma pessoa muito forte, que possui um espírito grandioso.

ICHIKAWA:
E lutou contra o controle da minoria branca na África do Sul.

MANDELA:
[Fechou os punhos, mostrou uma expressão rígida e continuou ouvindo.]

ICHIKAWA:
Eu admiro muito o seu espírito invencível. Assisti ao filme a seu respeito.

MANDELA:
Ouvi dizer que o mestre Okawa é um líder que luta contra a discriminação de cor e raça. Por isso, vim primeiro até o mestre Okawa, pois ele é muito famoso na África. É muito, muito conhecido. Ele deverá ser o novo líder mundial. Vocês colocarão um ponto final no período de tirania da raça branca, nos séculos de soberania branca. Ouvi dizer que ele é um guerreiro que veio do Mundo Celestial.

ICHIKAWA:
Uma das missões da Happy Science é colocar um fim na supremacia branca. E o mestre Okawa disse em Uganda que no final deste século virá a era da África.

MANDELA:
Agradeço por terem ido à África. O povo africano foi encorajado pela grande palestra que vocês deram lá. Eu sou muito grato. Muito obrigado.

ICHIKAWA:
Depois, essa palestra feita em Uganda foi transmitida em diversos canais de televisão de vários países. Por isso, dezenas de milhões de pessoas a viram.

Aproximadamente 10 mil pessoas compareceram ao local, Estádio Nacional Mandela. A palestra foi transmitida ao vivo por três redes de televisão. Cerca de 30 milhões de pessoas assistiram à palestra em cinco países africanos.

MANDELA:
Sim, eu sei. Ficou muito famosa. E ouvi dizer que um missionário da Happy Science na África do Sul, que é uma pessoa da raça branca, tornou-se o líder da Happy Science na África. Agora, ele se encontra na Austrália, e estou muito orgulhoso dele. Sim, o Japão é a nova esperança para o povo africano. Nós contamos com vocês.

A Segunda Guerra Mundial, o Japão e o Apartheid

O Japão Lutou pela Libertação da Ásia e da África

ISHIKAWA:
E o que você pensa a respeito da Segunda Guerra Mundial?

MANDELA:
A Segunda Guerra Mundial?

ISHIKAWA:
Nós, os japoneses...

MANDELA:
Ah, não se preocupe. Vocês estavam certos. Vocês estavam buscando justiça. Nós admiramos muito a sua bravura e os desafios que enfrentaram. Vocês expulsaram as forças europeias da Ásia e da África. Para nós, os sofrimentos do povo japonês na guerra não foram em vão. Vocês são como deuses para nós. Lutaram pela liberação do povo africano. Somente o líder indiano, Pal, o juiz Pal, concordou com esses fatos. Mas acredito que outros povos da África e da Ásia, com exceção dos chineses e dos coreanos, são muito gratos aos japoneses.

ISHIKAWA:
Sim. Quando as Nações Unidas foram fundada, nós, o Japão, apresentamos a "Proposta de Igualdade Racial". E, uma organização chamada NAACP, Associação Nacional para o Avanço das Pessoas de Cor, tornou-se a organização central do movimento dos direitos civis nos Estados Unidos da América, naquela época, apoiando a proposta do Japão.

Penso que a proposta do Japão era universal e favorecia todas as pessoas, para a erradicação da discriminação racial.

MANDELA:
Vocês são boas pessoas. Vocês são muito especiais. São iluminados e recomendados por Deus. São pessoas especiais de Deus.

Vocês não fazem discriminação racial em seu país. Respeitam os brancos, não menosprezam os negros, os povos da raça amarela ou pessoas de outros países. Vocês provaram que quando nos esforçamos cada vez mais no trabalho podemos atingir grande sucesso. Isso não depende da cor da pessoa, mas da paixão de cada indivíduo, do esforço no trabalho e assim por diante. Por isso, acredito que o Japão é uma verdadeira esperança para o mundo.

O Amor de Cristo Foi Substituído pelo Sentimento de Superioridade da Raça Branca

ISHIKAWA:
Tenho uma pergunta. Qual é a razão fundamental, a raiz do racismo ou *apartheid*?

A Segunda Guerra Mundial, o Japão e o Apartheid

MANDELA:
Não sei. Mas... apesar de o cristianismo estar durando continuamente por 2.000 anos, fico pensando se é um cristianismo verdadeiro ou não? Claro que por muitos séculos esteve sob a orientação de Jesus Cristo, mas não foi sempre assim nos séculos seguintes.

O que eu quero dizer é que influências espirituais contrárias dominaram a raça branca. O sentimento de amor que Cristo tinha pelas pessoas pobres, pelos que estavam na miséria, foi substituído pelo sentimento de superioridade de certas pessoas da raça branca. Não é uma pequena diferença, e está muito próxima do desejo dos demônios.

Uma prova disso é que o próprio Jesus Cristo passou a transmitir os ensinamentos através do mestre Okawa, na Happy Science, e ele está difundindo esses ensinamentos para todo o mundo, a partir do Japão, em vez de fazê-lo através da Igreja Católica Romana ou Igreja Anglicana da Inglaterra, ou ainda através da Igreja Protestante. Mas somente no Japão, através da Happy Science, é que Jesus Cristo tem enviado mensagens espirituais com ensinamentos sobre o amor. Essa é a prova.

ISHIKAWA:
Nos Estados Unidos da América, por exemplo, no ano de 1960, houve um governador no Alabama, George Wallace, cujo slogan era "Defenderemos a segregação racial agora, amanhã e sempre". Este slogan foi usado há cerca de 50 anos. Mesmo nos Estados Unidos da América os ideais de Deus não foram realizados.

MANDELA:
Nos EUA houve um grande presidente, Lincoln, o 16º presidente. Lincoln garantiu a igualdade do ser humano. No entanto, levou mais de 100 anos para concretizar a igualdade entre os brancos e os negros. O povo americano deve refletir sobre essa Verdade.

ISHIKAWA:
Nós, membros da Happy Science, acreditamos que a Grande Guerra do Oeste da Ásia [Daitoa-Senso] foi uma espécie de guerra santa para emancipar nossos irmãos.

MANDELA:
É isso mesmo! Foi uma guerra santa. A Coreia e a China estão sob a influência do mal. Elas têm atacado a política, a história e a vontade do povo japonês em libertar os povos dominados ou oprimidos. Mas o Japão foi uma esperança para nós. Esse foi um milagre na história mundial.

Se o Japão Tivesse Vencido, o Apartheid Não Teria Existido

ISHIKAWA:
Penso que foi uma tragédia os Estados Unidos terem vencido o Japão na Segunda Guerra Mundial.

MANDELA:
Isso foi ruim. Pois naquela época, após a vitória na Segunda Guerra Mundial, os Estados Unidos ainda impunham se-

gregação racial. Da mesma forma, o povo americano praticava discriminação racial contra as pessoas da raça amarela, como os japoneses. Eles os chamam de *"japas"*, os macacos amarelos. Mas eles estão errados, por isso deveriam pedir desculpas aos japoneses.

Além disso, eles lançaram duas bombas atômicas sobre o Japão. Essa estratégia, na verdade, é igual à utilizada pelos nazistas para dizimar os judeus. É também quase igual ao *apartheid*. Centenas de milhares de pessoas foram assassinadas em Hiroshima e em Nagasaki. Apesar disso, os Estados Unidos nunca se desculparam com o Japão. Eles alegam que fizeram isso para apressar o fim da guerra e serem bem-sucedidos em impedir a intromissão da União Soviética no território Japonês. No entanto, acredito que isso foi apenas uma desculpa.

ISHIKAWA:
Sim. E, além disso, os EUA fizeram um grande ataque aéreo sobre Tóquio.

MANDELA:
Sim, sim. Um ataque aéreo mal-intencionado! Foi um verdadeiro massacre!

ISHIKAWA:
Centenas de milhares de pessoas, civis, foram mortas. Foi realmente um massacre.

MANDELA:
Foram muito mais que centenas de milhares de pessoas mortas.

ISHIKAWA:
Sim, da mesma forma como o presidente da Síria fez. Só que em apenas uma noite.

MANDELA:
Em apenas uma noite! Inacreditável! Eles deveriam pedir perdão ao povo de Tóquio.

ICHIKAWA:
Foi o presidente Truman que decidiu lançar as bombas atômicas sobre o Japão. O que você acha do presidente Truman?

MANDELA:
Muito mau. Pior que Hitler. Nem mesmo Hitler chegou a agir tão mal como ele.

ICHIKAWA:
E sobre o presidente Franklin Roosevelt, o que você pensa?

MANDELA:
Acho que Franklin Roosevelt é o demônio dos demônios. Talvez ele seja o rei dos demônios.[4] Se o Japão tivesse vencido naquela época, não teria surgido o *apartheid* após a

---

4. Nas mensagens espirituais a respeito dos presidentes Truman e Franklin Roosevelt, a verdade sobre o lançamento das bombas atômicas foi revelada. Veja o livro *Lançamento da Bomba Atômica: Um Crime Contra a Humanidade?* Da IRH do Japão, ainda não disponível em português.

A Segunda Guerra Mundial, o Japão e o Apartheid

Segunda Guerra Mundial. Eu não teria ficado na prisão por vinte e sete anos. Se o Japão vencesse na Segunda Guerra Mundial, nós teríamos sido livres desde o princípio.

Eu poderia ter atuado como político para reconstruir uma nova África do Sul. Vinte e sete anos de minha vida foram tomados por causa do *apartheid*. Eles acreditam que as pessoas da raça branca são superiores e que receberam a bênção de Deus. Se o Japão vencesse a guerra, as coisas seriam bem diferentes.

Israel de Hoje É Semelhante à Alemanha de Hitler

ISHIKAWA:
Compreendo. Falando nisso, parece que a população cristã está diminuindo nos países desenvolvidos da Europa e nos EUA, e que inversamente o número de muçulmanos está crescendo. Acho que no futuro próximo surgirão novos padrões de discriminação e um novo ódio. Talvez até já exista. Como entre Israel e Irã.

MANDELA:
No entanto, acredito que isso não atenderá suficientemente as necessidades espirituais da nova era. Atualmente, eles estão criando igualdade neste mundo. Esse é o ponto forte deles, mas estão em oposição a Israel. O povo de Israel possui um forte sentimento elitista. É comparável ao pensamento de Hitler. Os judeus estão do lado contrário ao de Hitler, mas, para falar a verdade, o que eles estão tentando fazer é quase igual a buscar a supremacia da raça ariana.

Assim como Hitler, os judeus pensam que são superiores aos muçulmanos e se sentem no direito de massacrar o povo islâmico. Essa é a filosofia que fundamenta a sua política nuclear. E os povos da raça branca estão apoiando Israel e impedindo que os povos islâmicos tenham acesso aos benefícios nucleares. Infelizmente, isso é o próprio racismo em ação. Eu penso assim.

4
Dias de Perseverança

Esperança, Amor e Oração durante a Prisão

ISHIKAWA:
Entendo. Tenho uma outra pergunta. Você esteve na prisão por vinte e sete anos, por isso acredito que você é a manifestação ou incorporação da perseverança. Poderia nos dizer qual o segredo da sua perseverança, que o conduziu a um grande sucesso, a uma grande realização? Pessoas comuns não são capazes de passar por experiências difíceis como essa e continuar mantendo a fé por vinte e sete anos.

MANDELA:
Isso foi apenas um resultado do destino. Esse foi um teste de Deus. Você mencionou a "perseverança", mas só existe um jeito de passar um longo período perseverando. É alimentar continuamente em seu coração um pouco de esperança pelo futuro, ou ainda, sentir um pouquinho a luz do amor pelo seu povo, que sofre com a discriminação pela minoria branca.

SAITO:
Enquanto você estava na prisão, recebeu mensagens do Mundo Celestial? Teria você orado a Deus por causa disso?

MANDELA:
Sim. Eu orei a Deus, todos os dias, sem exceção, todos os dias! E Deus me respondeu através da Happy Science.

SAITO:
Você já leu algum livro da Happy Science?

MANDELA:
Sim, eu tenho alguns livros. Desculpe, mas não os comprei, recebi-os de presente das pessoas que estão apoiando o movimento espiritual da Happy Science.

ICHIKAWA:
Nós ficamos muito felizes que você tenha lido livros da Happy Science.

MANDELA:
Vocês são muito famosos na África.

Dois Espíritos Superiores Que Me Inspiraram Enquanto Estive na Prisão

ISHIKAWA:
Muito obrigado. Ouvimos dizer que quando Martin Luther King Jr. estava vivo, recebeu orientação espiritual de Jesus. E você?...

MANDELA:
Verdade? Jesus Cristo guiou Martin Luther King Jr.? Oh...

ISHIKAWA:
Sim, foi o mestre Okawa que nos disse isso. E você? Quem o guiou?

MANDELA:
Huummm...

ISHIKAWA:
Acredito que eram espíritos elevados do Mundo Celestial.

MANDELA:
Sim, muitas vezes, fui guiado por Jesus Cristo. Por me encontrar a maior parte do tempo na prisão, não podia fazer nada. Mas Jesus inspirou-me com uma nova esperança. Ele me disse "Seja corajoso e nunca desista. O seu tempo virá". Sim, Jesus veio até mim. JFK [antigo presidente Kennedy] também veio. Talvez isso soe um pouco estranho para vocês. Como sabem, JFK foi assassinado nos Estados Unidos em 1963.

ISHIKAWA:
Ele propôs a lei de proteção aos direitos civis e...

MANDELA:
Sim, sim. Ele veio algumas vezes para me inspirar. "Você está certo", ele me disse. Ele conhecia os fatos.

ISHIKAWA:
Sim, ele foi um excelente político.

5
Querida África

A Chave para Solucionar os Problemas da Diferença de Renda e da Pobreza

MANDELA:
Já está demorando tempo demais e talvez seja a última barreira causada pelo problema racial neste mundo...
    A África do Sul produz muitos diamantes, mas são conhecidos como diamantes de sangue.

ISHIKAWA:
Acho que muitos africanos ainda sofrem com a grande diferença de renda e com a pobreza. Como poderemos resolver esses problemas na África? Como nós, do Japão, poderíamos ajudar?

MANDELA:
Através da educação. Acredito que a educação é a primeira coisa. Precisamos seguir o exemplo da história do Japão. A modernização do Japão é um ótimo exemplo para nós. Acredito que todos os povos africanos deveriam seguir os passos do Japão após a reestruturação feita na Era Meiji. Os japoneses fizeram grandes realizações, e nós também sentimos muito orgulho pelo Japão.

ISHIKAWA:
Sei. Na Ilha Formosa e na Coreia, nós, japoneses, estabelecemos muitas escolas. Antes do regime japonês, muito poucas pessoas eram capazes de ler e escrever, talvez cerca de 2% ou 3% apenas. Mas, por volta de 1940, esse percentual já superava 50%. Essa é a origem do atual desenvolvimento daqueles países.

MANDELA:
Claro que também precisamos de alimentos. É outra forma de vencer a pobreza. Precisamos de alimentos, educação, igualdade de oportunidades, isso é, ter igualdade para enfrentar desafios. Nós temos a esperança que a nossa economia prospere, não somente para a África do Sul, mas para todos os países africanos.

E temos condições para isso. O nosso continente é muito rico em recursos naturais. Fomos privados de nossos recursos pelos povos da Europa. Mas, agora, chegou a nossa hora de obter riqueza de nosso continente, da nossa terra. E deveremos construir indústrias, nos tornar prósperos, receber boa educação e elevar nosso grau de cultura e moral como seres humanos.

Desejamos provar que somos iguais como seres humanos. Nós não somos inferiores aos povos europeus. Não somos inferiores ao povo americano. Nós temos condições de nos tornarmos pessoas como vocês, japoneses. Temos essa capacidade. Sim, nós podemos!

Contando com a Educação do Japão e a Força da Mulher Japonesa

ISHIKAWA:
Entendo. Sinto muito. Tenho uma outra pergunta. O que você pensa a respeito da srta. Malala Yousafzai?[5]

MANDELA:
Srta. Malala?

ISHIKAWA:
Sim, ela também foi inspirada por você.

MANDELA:
Eu sei. Eu sei.

ISHIKAWA:
Ela fez uma palestra nas Nações Unidas a respeito da importância da educação.

MANDELA:
Muito importante mesmo!

ISHIKAWA:
A "educação é a única solução", de acordo com os comentários dela.

---

5. Ativista Paquistanesa, que luta pelos direitos da mulher (nasceu em 1997).

MANDELA:
Ela é famosa e também quase recebeu o Prêmio Nobel da Paz naquela época. Tem apenas 16 ou 17 anos, não sei bem.

ISHIKAWA:
Sim, isso mesmo.

MANDELA:
Ela ainda é uma adolescente, mas já é capaz de falar e pensar em inglês fluentemente, e essa foi uma chance para transmitir seus pensamentos e apelos aos outros países do mundo. É muito importante transmitir o que o povo de um país pensa ou transmitir a Verdade para as pessoas dos outros países, como um porta-voz do seu país.

As pessoas não conhecem a realidade. Nada sabem sobre a miséria ou a pobreza. Eles desconhecem a discriminação racial. As pessoas não sabem que não há boa conduta e respeito humano. Ainda nos dias de hoje, existe muita miséria neste mundo. É por isso que as pessoas precisam da educação, uma boa educação. O Japão tem condições de exportar essa educação.

ISHIKAWA:
Sim, certamente. Especialmente nos países muçulmanos, as mulheres e moças não possuem muitas chances de estudar.

MANDELA:
Sim, isso mesmo. Os muçulmanos estão destituídos dessa chance.

ISHIKAWA:
Assim, essa também é uma forma de discriminação...

MANDELA:
Sim, é necessária uma nova onda de mudanças, uma onda que irá mudar o mundo. As mulheres japonesas devem conduzir outras mulheres à libertação feminina. As mulheres do Japão devem ensiná-las a conseguir a liberdade "para se tornarem seres verdadeiramente humanos". Isso é muito importante.

"Homens e mulheres não são criados igualmente". Faz-se de conta que são criados igualmente, mas de uma forma errada. A sua religião (Happy Science) realmente ensina as pessoas sobre isso. Homens e mulheres são iguais em espírito. Isso significa que Deus criou as almas como homens ou mulheres, mas não se trata de discriminação. É apenas uma diferença na função, e esses dois sexos devem cooperar entre si para criar a Utopia neste mundo. Assim, o povo islâmico não dispõe de um conceito em relação ao real propósito de Deus. Eles deveriam mudar seu direcionamento e seguir o Japão.

6
A China e a Democracia

A Falta de Amor e de Compaixão da China

ICHIKAWA:
Bem, agora gostaria de perguntar sobre a China.

MANDELA:
China!?

ICHIKAWA:
A China está expandindo o seu poder na África.

MANDELA:
Isso é um problema! Um problemão.

ICHIKAWA:
Por que você considera isso um problema?

MANDELA:
Eles somente estão procurando minerais e recursos da terra para industrializar seu país. Eles desejam se tornar um país poderoso e, assim, lutar contra Japão, Estados Unidos e obter a hegemonia sobre os países da Europa, África e Oceania. Eles querem se tornar os maiorais do mundo.

Mas no coração deles não existe amor pelas pessoas, nem misericórdia para com o povo. Eles não estão recebendo orientação de Deus. Essa é apenas uma ditadura baseada nos desejos humanos. Eu não gosto desse tipo de ditadura ou de sistema autoritário. Nós nunca poderemos consentir que esse tipo de sistema ditatorial e autoritário cresça e se espalhe pelo mundo. Isso não é bom. O Japão precisa impedi-los e ensiná-los. Por favor, façam com que reflitam e impeçam esse imperialismo.

A Elite Não Percebe o Que É a Democracia

ISHIKAWA:
Então, qual é a sua opinião sobre a Democracia? Por exemplo, de acordo com Winston Churchill, a democracia é a pior forma de governo, com exceção daquelas que já foram testadas de tempos em tempos. Acho que você também foi eleito pela democracia.

MANDELA:
Se todos puderem obter uma educação muito boa e inteligente, puderem escolher seu grau de estudo, surgirão muitas pessoas inteligentes e perspicazes.

Pessoas que se julgam espertas querem controlar as pessoas que ainda estão em desenvolvimento e precisam de mais conhecimento. Mas pessoas na liderança com esse nível de inteligência às vezes cometem enganos. Elas querem se tornar cada vez maiores e por isso precisam de seguidores.

Em outras palavras, elas querem se tornar líderes. Nesse contexto, líder significa "aqueles que conseguem controlar as pessoas que não possuem educação ou conhecimento suficiente". E, por isso, surgem diferenças de renda, diferenças no grau de reconhecimento, e lógico, diferença nas ocupações. Como disse esse político inglês que você citou, nesta era, as pessoas desejam se tornar elite, e a elite deseja ter soberania sobre as pessoas subdesenvolvidas. Isso é o que eles querem, e realmente não percebem qual é o verdadeiro significado da democracia.

A Democracia algumas vezes pode significar "igualdade de resultados". Se igualdade de resultados fosse o propósito da democracia, isso algumas vezes significaria destituir as classes superiores da sua riqueza e direcioná-la para as pessoas de menor riqueza. Quero dizer, dividir a riqueza e o seu poder público com as pessoas de classes baixas. Essa não seria uma boa coisa para as pessoas da classe alta. Os britânicos ainda mantêm as classes, por isso não gostam do real significado de igualdade. Querem apenas igualdade de chance, de desafios e de sucesso. Isto é, claro, num status de alto nível, um outro nome para Aristocracia. Assim, as pessoas que amam a Aristocracia não gostam da Democracia.

A Informação Cria Chances, as Chances Criam Igualdade

MANDELA:
Mas, há uma outra chance. Se as pessoas puderem aproveitar bem o estudo público oferecido pelo governo, serão ca-

pazes de compreender e julgar melhor a situação política e também avaliar suas condições de trabalho, distinguir entre o bem e o mal, e, assim, aperfeiçoar a condição de sua alma. Essa é uma outra chance.

É claro que as pessoas da classe alta desejam manter suas posições. Conheço bem isso. Eu mesmo nasci como líder tribal poderoso, mas como sou de cor, o meu poder foi suprimido pelos brancos. É claro que existem muitas diferenças entre os seres humanos. Isso é uma verdade. Mas o propósito real de Deus é permitir que as pessoas sejam mais felizes a partir do *status quo*. Assim, ter igualdade significa ter chance, e as chances algumas vezes dependem do conhecimento, educação e da informação.

A China também tem muitos problemas, mas o povo chinês, mesmo os da mais baixa classe, está tendo acesso à informação por meio de vários mecanismos. Por isso, acredito que agora a democratização está ocorrendo. Assim, dessa maneira vocês estão ajudando a proporcionar essa democratização.

As Almas Não Possuem Cor

A África Precisa da Moral Religiosa

ISHIKAWA:
Adicionalmente, eu gostaria de perguntar sobre o problema de segurança na África do Sul. Quando foram realizados o Campeonato Mundial de Rúgbi e a Copa do Mundo no seu país, nos anos de 1995 e 2010, as redes de televisão japonesas não puderam enviar repórteres do sexo feminino, devido ao problema de segurança. Não era seguro, certo?

MANDELA:
Sim. Isso é verdade.

ISHIKAWA:
Acredito que haja muitas pessoas que creem no cristianismo em seu país, no entanto, existem muitas pessoas que não são bondosas nem misericordiosas. O que pode ser feito para solucionar esse problema no seu país?

MANDELA:
Isso ocorre por causa da violência, seu conceito, experiência e história. Os japoneses são bem educados e consideram a violência uma má ação, uma coisa ruim, algo desonroso para pessoas educadas. Por isso os japoneses detestam a violência.

Mas na África tem havido muita violência. Isso algumas vezes envolve assassinato, abandono de pessoas doentes e inclusive abuso sexual de mulheres. Algumas vezes isso é decorrente de más ações causadas por pessoas alcoolizadas ou por pessoas viciadas em drogas como LSD e outros tipos de maus hábitos. Há muitos problemas e coisas ruins na África, e isso tem dado origem a muita violência. Por isso, precisamos moralizar a África, e acredito que a moral pode ser provida pelas boas religiões.

    Mas, somente o cristianismo não é suficiente para África. Digo isso porque os padres cristãos vieram historicamente como capelães e orientadores com a missão de dar suporte às tropas invasoras vindas dos países europeus. O nosso povo não acredita que isso seja o cristianismo verdadeiro nem a verdadeira intenção dos missionários, porque eles vieram somente para dar suporte espiritual às forças armadas dos países europeus. Vieram como usurpadores de nossos bens e riquezas. Esse não é o verdadeiro significado dos ensinamentos de amor transmitidos por Jesus. Os ensinamentos de amor de Jesus agora estão sendo transmitidos pela Happy Science, por isso acredito que a Happy Science irá se expandir por toda a África. Vocês conseguirão.

O Próprio Japão Deve Proteger Seu Povo

ISHIKAWA:
Sim. Além disso, o povo africano tem problemas de terrorismo. Por exemplo, em janeiro deste ano, trabalhadores japoneses da Nikki, uma empresa japonesa baseada na Ar-

géria, foram assassinados. Pessoas de outros países, como França, também foram mortas. Certamente, nós, de países mais desenvolvidos, desejamos ajudar a África, mas...

MANDELA:
Eu sei. Eu sei. Essa é uma história muito triste, mas é difícil os terroristas mudarem seu comportamento somente com base na nacionalidade das pessoas, pois as batalhas entre terroristas e os exércitos dos governos são muito violentas na África. Por isso, sentimos muito pelo ocorrido.

Mas, já no caso do Japão, as forças de autodefesa deveriam seguir um estilo que pudesse ser controlado mais eficientemente. Vocês possuem forças de autodefesa, mas estão impedindo que elas atuem efetivamente. A China e a Coreia olham com desdém para as suas forças de defesa. Os povos africanos desconhecem o artigo 9 de sua Constituição, de que vocês não podem lutar nem enviar exércitos para os outros países ou que não podem resolver seus conflitos por meio de ações militares. Os africanos não sabem dessas questões ou regras que constam da sua Constituição. Por que os japoneses não fazem isso de uma maneira mais prática?

ISHIKAWA:
Sim. Nós acreditamos que seria melhor suspender essa autoimposição, por exemplo, dos direitos coletivos de autodefesa e questões relacionadas.

MANDELA:
Vocês não precisam adotar um sistema coletivo de autodefesa que foi imposto a vocês. Vocês mesmos devem analisar

e trabalhar nessas questões sozinhos. Isso seria o correto. O Japão é uma das superpotências do mundo atual. Vocês têm força. Vocês têm vontade. Vocês devem ter vontade de usar seu próprio sistema de autodefesa. Vocês deveriam proteger seu próprio povo da mesma forma como faz a JGC Corporation (empresa de construção japonesa). Se a JGC fosse atacada por terroristas, usaria seu próprio exército de defesa, iria à África e os enfrentaria.

ISHIKAWA:
Deveríamos ter enviado tropas à África?

MANDELA:
Sim. Não se trata do exército nacional. Não é isso. Vocês devem tomar a decisão de proteger o seu próprio povo. Ainda que seja em situações de conflitos ou guerra civil na China ou Coreia, vocês deveriam enviar suas forças de autodefesa para proteger o seu povo. Acho que isso é obrigação de vocês. Não é obrigação dos Estados Unidos, da Europa ou de outros países. Vocês também fazem parte do grupo deles e devem seguir os exemplos deles.

 Todos nós estamos desejosos e esperançosos que vocês se tornem os líderes mundiais. A justiça de Deus não é definida de acordo com a cor das pessoas. A Justiça Divina se faz através de boas ações, boas ideias, boas inspirações e boas intenções.

 Acho que é obrigação de vocês defenderem as pessoas do seu país.

Novo Pensamento Para Unir as Diferenças

SAITO:
Obrigado. Penso que há muitas guerras civis e conflitos entre o povo africano – não somente entre brancos e negros, mas entre os próprios negros. Como você acha que podemos uni-los e fazê-los abandonar o ódio e tornar a África mais próspera?

MANDELA:
Um novo conceito espiritualista e religioso é necessário. Eu acho que precisamos de uma nova forma de pensar, que unifique as diferenças entre as tribos. Os nossos conflitos surgem pela forma de pensar pequena e egoística, tradicional e feudal. Mas chegou a hora de reiniciar com uma nova geração, uma nova nacionalidade, e um novo povo com objetivos comuns deve aparecer. Um novo sistema de governo civil deve surgir, não mais aquele onde líderes de uma tribo governam outras tribos. Eles precisam conhecer o verdadeiro significado da eleição, do que é governo, governança e política obtida através do voto. Esse é um dos aspectos da democracia. Historicamente encontramos o sistema de hierarquias na cultura europeia. No entanto, na África ainda precisamos reiniciar. Nessa hora, a igualdade de voto será essencial, acredito.

Provando a Existência da Vida Após a Morte

ICHIKAWA:
Obrigado. Gostaria de perguntar sobre o sr. Mahatma Gandhi, da Índia.

MANDELA:
Mahatma Gandhi?

ICHIKAWA:
Sim. Cremos que ele é um dos gigantes da história.

MANDELA:
Ele veio, ele veio, veio!

ICHIKAWA:
Ele veio para ver você?

MANDELA:
Sim. Aqui.

ICHIKAWA:
O que ele disse a você?

MANDELA:
Ele me disse: "Ah, você agiu bem" e "Foi muito bom". E coisas assim.

ICHIKAWA:
Quais as pessoas que vieram vê-lo?

MANDELA:
Mahatma Gandhi, Martin Luther King Jr., JFK, Margaret Thatcher e alguns espíritos guias da Happy Science vieram. Dezenas de anjos vieram até mim. Eles me pediram para enviar uma mensagem ao povo africano e às pessoas do mundo todo.

As Almas Não Possuem Cor

Como eu morri há apenas sete ou oito horas, esta seria a chance. A missão seria provar que existe vida após a morte, e está aqui a prova.

Margaret Thatcher disse que também fez isso. Ela veio aqui após a morte, e menos de vinte e quatro horas, mais ou menos. Por isso, também vim aqui para provar que existe a vida após a morte, que a realidade do ser humano após a morte é a alma, que a alma possui capacidade de pensar e que o corpo carnal não é a realidade do ser humano.

É por essa razão que a "cor da pele das pessoas" não tem importância alguma. Deus criou as almas e as enviou para a Terra. Alguns nasceram como brancos, outros como amarelos e outros como negros, mas nas suas essências são iguais.

Aqui está a prova. Se você tem uma alma, e é claro que tem, essa alma não possui cor. Ela é transparente. Não possui cor. A alma é somente a energia do pensamento, uma energia viva. Este ponto é a verdade da religião. É nesse ponto que existe a igualdade e a liberdade.

8
A Última Mensagem

Nascido como um Grande Filho de Escravos Que Se Tornou Rei

SAITO:
Muito obrigado. Acredito que você é uma pessoa magnífica, uma grande alma. Poderia nos dizer quem você foi nas vidas passadas?

MANDELA:
Vidas Passadas? Vidas Passadas! Vidas Passadas! Ah! [batendo na cabeça]. Preciso do meu guia. Morri há apenas algumas horas, por isso, aguarde um momento. Meu guia irá conversar com você a respeito disso.

Quem fui na vida passada? Quem fui na vida passada? Quem fui na vida passada? Hum? Hum? Hum?

Não tenho certeza se isso é real ou não. Pode ser que seja apenas autopromoção, mas um mensageiro do Mundo Celestial, um anjo, disse que no passado remoto eu fui filho de escravos e libertei o povo israelense do Egito e o conduzi a Canaã. Meu anjo me revelou que eu era Moisés, mas não sei bem ainda...

ISHIKAWA:
Bom, essa é uma grande notícia.

MANDELA:
Eu nem consigo acreditar nisso, neste momento. Talvez ele estivesse apenas querendo dizer que fiz a mesma coisa. Moisés libertou os escravos, isto é, o povo de Israel. Eles eram escravos do ditador do Estado do Egito, o grande Egito. Eu somente interrompi a cadeia do poder escravizador dos povos brancos sobre os povos negros. As ações são as mesmas, diz o meu anjo. Assim, Mahatma Gandhi e eu somos quase o mesmo tipo de alma, ele disse. Mas não estou bem certo. Não tenho provas.

ISHIKAWA:
Você sente alguma afinidade em relação a Moisés ou a esse tipo de pessoa?

MANDELA:
Eu não sei bem. Para falar a verdade, como não gosto muito do povo israelita, não consigo acreditar nisso. O povo Israelita tem ameaçado os muçulmanos da África e Oriente Médio.
    Minha forma de pensar é diferente, sobretudo nessas situações semelhantes à escravidão, pois acho que num certo momento um líder precisará libertá-los dessa corrente. Nesse sentindo, bem, acredito que sou como Moisés. É isso que eu gostaria de dizer.

ISHIKAWA:
Nas suas vidas passadas, você tentou emancipar seus companheiros....

MANDELA:
Meus companheiros... bem, que difícil, difícil, ainda faz somente algumas horas. [Dirigindo-se aos céus]. Mestre, meu mestre, poderia me falar sobre... ah, eu também nasci na Índia, e era budista. Eu era budista, e Chandra Gupta II? Ah... o rei Gupta, da era Gupta?

ISHIKAWA:
Ele foi um rei muito famoso.

MANDELA:
Eu era um seguidor dos ensinamentos de Buda. Chandra Gupta II está dizendo isso, mas ainda não estou muito confiante em afirmar isso.

Acredite em um Super Cristo, em um Super Buda

ISHIKAWA:
Bem, enfim, o povo africano e todos os povos do mundo estão lamentando a sua morte. Por isso, poderia nos dar alguma mensagem?

ICHIKAWA [insistindo]:
Apreciaríamos muito se nos concedesse uma última mensagem para o povo da África e do mundo.

MANDELA:
Amem-se uns aos outros.
Tenham confiança na sua força.

O conhecimento irá lhes conceder um novo poder.

Por favor, olhem para o Leste.
Ali se encontra o Japão.
O Japão é o novo mestre.
Por favor, sigam o Japão.
O Japão irá mudar seu curso.
E se tornará um novo líder mundial.
A liderança da raça branca deve descer um degrau, atualmente.
Um dos povos amarelos, o povo japonês,
Poderá se tornar o Mestre do Mundo.
Assim espero.

Eu recomendo a Happy Science para todos os povos africanos.
Aprendam com os ensinamentos deles.
Isso irá mudar o nosso continente.
Isso irá mudar os nossos países.
Isso irá mudar a nossa mente (coração).
Eles nos conduzirão para um novo mundo.
Por favor, confiem na Happy Science.
Peço-lhes que acreditem no mestre Ryuho Okawa.
Ele é o novo líder.
Ele é o Super Cristo e o Super Buda.
É isso o que eu acho.

ICHIKAWA:
Muito obrigado.

RYUHO OKAWA:
Muito obrigado, Nelson Mandela. Muitíssimo obrigado.

Após a Canalização da Mensagem Espiritual

OKAWA:
Para mim isso foi uma grande surpresa. Ele faleceu por volta das 4 horas (horário do Japão) e apareceu aqui depois das 8 horas. Assim, ele veio da África até aqui em apenas 4 horas. Normalmente, isso é impossível. Eu estava assistindo ao noticiário da CNN e ele veio justamente no momento em que eu estava ouvindo, atento ao que estava sendo dito.

Parece que a sra. Margareth Thatcher falou com ele a meu respeito.

ISHIKAWA:
O presidente Obama fez um rápido pronunciamento sobre isso. Espero que talvez todas as pessoas no mundo fiquem atentas a esse assunto.

OKAWA:
Eu acho que não havia melhor lugar no mundo ao qual ele pudesse enviar uma mensagem espiritual. Isso mostra que os grandes nomes do mundo começaram a perceber isso. Algumas partes desta mensagem espiritual são úteis para o povo japonês e também poderão ser de grande contribuição para o Departamento Internacional da Happy Science.

Nossa conversa com ele deveria ter sido mais polida e delicada. Pois, se de fato ele é um Grande Anjo de Luz, no mínimo deveríamos expressar grande respeito por ele.

Ele parece nos apoiar. Não sei como está indo o nosso trabalho espiritual e religioso na África, mas acredito que devemos dar o máximo de nós mesmos. Ele parece nos conhecer muito bem.

ISHIKAWA:
Possuímos vários centros espirituais religiosos (templos) lá.

OKAWA:
Sim, temos. Muitíssimo obrigado.

Sobre o Autor

O mestre Ryuho Okawa começou a receber mensagens de grandes personalidades da história – Jesus, Buda e outros seres celestiais – em 1981. Esses seres sagrados vieram com mensagens apaixonadas e urgentes, rogando para que ele transmitisse às pessoas na Terra a sabedoria divina deles. Assim se revelou o chamado para que ele se tornasse um líder espiritual e inspirasse pessoas no mundo todo com as Verdades espirituais sobre a origem da humanidade e sobre a alma, por tanto tempo ocultas. Esses diálogos desvendaram os mistérios do Céu e do Inferno e se tornaram a base sobre a qual o mestre Okawa construiu sua filosofia espiritual. À medida que sua consciência espiritual se aprofundou, ele compreendeu que essa sabedoria continha o poder de ajudar a humanidade a superar conflitos religiosos e culturais e conduzi-la a uma era de paz e harmonia na Terra.

Pouco antes de completar 30 anos, o mestre Okawa deixou de lado uma promissora carreira de negócios para se dedicar totalmente à publicação das mensagens que recebe do Mundo Celestial. Desde então, até dezembro de 2012, já lançou mais de 1.000 livros, tornando-se um autor de grande sucesso no Japão e no mundo. A universalidade da sabedoria que ele compartilha, a profundidade de sua filosofia religiosa e espiritual e a clareza e compaixão de suas mensagens continuam a atrair milhões de leitores. Além de seu trabalho contínuo como escritor, o mestre Okawa dá palestras públicas pelo mundo todo.

Sobre a Happy Science

Em 1986, o mestre Ryuho Okawa fundou a Happy Science, um movimento espiritual empenhado em levar mais felicidade à humanidade pela superação de barreiras raciais, religiosas e culturais, e pelo trabalho rumo ao ideal de um mundo unido em paz e harmonia. Apoiada por seguidores que vivem de acordo com as palavras de iluminada sabedoria do mestre Okawa, a Happy Science tem crescido rapidamente desde sua fundação no Japão e hoje conta com mais de 12 milhões de membros em todo o globo, com Templos locais em Nova York, Los Angeles, São Francisco, Tóquio, Londres, Paris, Düsseldorf, Sydney, São Paulo e Seul, dentre as principais cidades. Semanalmente o mestre Okawa ensina nos Templos da Happy Science e viaja pelo mundo dando palestras abertas ao público. A Happy Science possui vários programas e serviços de apoio às comunidades locais e pessoas necessitadas, como programas educacionais pré e pós-escolares para jovens e serviços para idosos e pessoas portadoras de deficiências. Os membros também participam de atividades sociais e beneficentes, que no passado incluíram ajuda humanitária às vitimas de terremotos na China e no Japão, levantamento de fundos para uma escola na Índia e doação de mosquiteiros para hospitais em Uganda.

Programas e Eventos

Os templos locais da Happy Science oferecem regularmente eventos, programas e seminários. Junte-se às nossas sessões de meditação, assista às nossas palestras, participe dos grupos de estudo, seminários e eventos literários. Nossos programas ajudarão você a:

- Aprofundar sua compreensão do propósito e significado da vida.
- Melhorar seus relacionamentos conforme você aprende a amar incondicionalmente.
- Aprender a tranquilizar a mente mesmo em dias estressantes, pela prática da contemplação e da meditação.
- Aprender a superar os desafios da vida e muito mais.

Seminários Internacionais

Anualmente, amigos do mundo inteiro comparecem aos nossos seminários internacionais, que ocorrem em nossos templos no Japão. Todo ano são oferecidos programas diferentes sobre diversos tópicos, entre eles como melhorar relacionamentos praticando os Oito Corretos Caminhos para a iluminação e como amar a si mesmo.

Revista Happy Science

Leia os ensinamentos do mestre Okawa na revista mensal *Happy Science*, que também traz experiências de vida de membros do mundo todo, informações sobre vídeos da Happy Science, resenhas de livros etc. A revista está disponível em inglês, português, espanhol, francês, alemão, chinês, coreano e outras línguas. Edições anteriores podem ser adquiridas por encomenda. Assinaturas podem ser feitas no templo da Happy Science mais perto de você.

Contatos

Templos da Happy Science no Brasil

Para entrar em contato, visite o website da Happy Science no Brasil:
http://www.happyscience-br.org

TEMPLO MATRIZ DE SÃO PAULO

Rua Domingos de Morais, 1154, Vila Mariana,
São Paulo, SP, CEP 04010-100.
Tel.: (11) 5088-3800; Fax: (11) 5088-3806
E-mail: sp@happy-science.org

TEMPLOS LOCAIS

SÃO PAULO
Região Sul:
Rua Domingos de Morais, 1154, 1º andar,
Vila Mariana, São Paulo, SP,
CEP 04010-100.
Tel.: (11) 5574-0054; Fax: (11) 5574-8164
E-mail: sp_sul@happy-science.org

Região Leste:
Rua Fernão Tavares, 124,
Tatuapé, São Paulo, SP,
CEP 03306-030.
Tel.: (11) 2295-8500;
Fax: (11) 2295-8505
E-mail: sp_leste@happy-science.org

Região Oeste:
Rua Grauçá, 77, Vila Sônia,
São Paulo, SP,
CEP 05626-020.
Tel.: (11) 3061-5400
E-mail: sp_oeste@happy-science.org

JUNDIAÍ
Rua Congo, 447, Jd. Bonfiglioli,
Jundiaí, SP,
CEP 13207-340.
Tel.: (11) 4587-5952
E-mail: jundiai@happy-science.org

RIO DE JANEIRO
Largo do Machado, 21, sala 607,
Catete
Rio de Janeiro, RJ,
CEP 22221-020.
Tel.: (21) 3243-1475
E-mail: riodejaneiro@happy-science.org

SOROCABA
Rua Dr. Álvaro Soares, 195, sala 3, Centro,
Sorocaba, SP, CEP 18010-190.
Tel.: (15) 3232-1510
E-mail: sorocaba@happy-science.org

SANTOS
Rua Itororó, 29, Centro,
Santos, SP, CEP 11010-070.
Tel.: (13) 3219-4600
E-mail: santos@happy-science.org

Templos da Happy Science pelo Mundo

A Happy Science é uma organização com vários templos distribuídos pelo mundo. Para obter uma lista completa, visite o site internacional (em inglês): www.happyscience.org.

Localização de alguns dos muitos templos da Happy Science no exterior:

JAPÃO
Departamento Internacional
6F 1-6-7, Togoshi, Shinagawa,

Tokyo, 142-0041, Japan
Tel.: (03) 6384-5770
Fax: (03) 6384-5776
E-mail: tokyo@happy-science.org
Website: www.happy-science.jp

ESTADOS UNIDOS
Nova York
79 Franklin Street,
New York, NY 10013
Tel.: 1- 212-343-7972
Fax: 1-212-343-7973
E-mail: ny@happy-science.org
Website: www.happyscience-ny.org

Los Angeles
1590 E. Del Mar Boulevard,
Pasadena, CA 91106
Tel.: 1-626-395-7775
Fax: 1-626-395-7776
E-mail: la@happy-science.org
Website: www.happyscience-la.org

São Francisco
525 Clinton Street,
Redwood City, CA 94062
Tel./Fax: 1-650-363-2777
E-mail: sf@happy-science.org
Website: www.happyscience-sf.org

Havaí
1221 Kapiolani Blvd,
Suite 920, Honolulu
HI 96814, USA
Tel.: 1-808-537-2777
E-mail: hawaii-shoja@happy-science.org
Website: www.happyscience-hi.org

AMÉRICAS CENTRAL E DO SUL

MÉXICO
E-mail: mexico@happy-science.org
Website: www.happyscience.jp/sp

PERU
Av. Angamos Oeste, 354,
Miraflores, Lima, Perú
Tel.: 51-1-9872-2600
E-mail: peru@happy-science.org
Website: www.happyscience.jp/sp

EUROPA

INGLATERRA
3 Margaret Street,
London W1W 8RE, UK
Tel.: 44-20-7323-9255
Fax: 44-20-7323-9344
E-mail: eu@happy-science.org
Website: www.happyscience-eu.org

ALEMANHA
Klosterstr. 112, 40211 Düsseldorf, Germany
Tel.: 49-211-9365-2470
Fax: 49-211-9365-2471
E-mail: germany@happy-science.org

FRANÇA
56 rue Fondary 75015, Paris, France
Tel.: 33-9-5040-1110
Fax: 33-9-5540-1110
E-mail: france@happy-science-fr.org
Website: www.happyscience-fr.org

Outros Livros de Ryuho Okawa

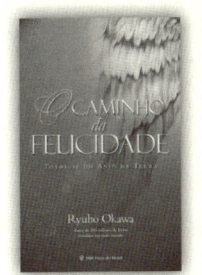

O Caminho da Felicidade
Torne-se um Anjo na Terra
IRH Press do Brasil

Este livro contém a íntegra dos ensinamentos da Verdade espiritual transmitida em várias palestras dadas pelo mestre Ryuho Okawa em sua visita ao Brasil, e serve como abrangente introdução àqueles que estão em busca do aperfeiçoamento espiritual através da Happy Science, adequada para pessoas de todas as raças, nos mais variados caminhos espirituais e religiosos.

Desde que fundou a Happy Science em 1986, no Japão, o mestre Ryuho Okawa já cativou milhares de seguidores com seus ensinamentos precisos e suas palavras de iluminada sabedoria. Hoje, este próspero movimento espiritual conta com Templos nas principais cidades e mais de 12 milhões de adeptos em todo o mundo.

Aqui, o mestre Okawa apresenta "Verdades Universais" que podem transformar sua vida e conduzi-lo para o caminho da felicidade: ser o autor da própria vida, quais são os "Quatro Corretos Caminhos", tornar-se um anjo na Terra, como usar o pensamento vencedor, abrir a porta para os milagres, entre outros.

A sabedoria contida neste livro é intensa e profunda, mas decididamente simples, e pode ajudar a humanidade a superar conflitos religiosos e culturais e conduzi-la a uma era de paz e harmonia na Terra.

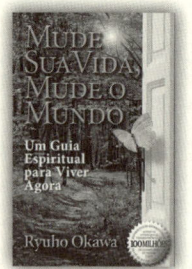

Mude Sua Vida, Mude o Mundo
*Um Guia Espiritual
para Viver Agora*
IRH Press do Brasil

O guia espiritual Ryuho Okawa traz para os leitores a sabedoria infinita que tem inspirado milhões de seguidores e de leitores em todo o mundo. Neste livro, o mestre Okawa convoca pessoas de todas as nações, pedindo-lhes que se lembrem de suas verdadeiras raízes espirituais e aceitem que, independentemente de raça, religião ou cultura, toda a humanidade fazia parte originalmente de uma única e gigantesca família, chamada de Árvore Cósmica.

Mude Sua Vida, Mude o Mundo é uma urgente mensagem de esperança, que contém a solução para o estado de crise em que nos encontramos hoje, quando a guerra, o terrorismo e os desastres econômicos provocam dor e sofrimento por todos os continentes. Este livro é um chamado para nos fazer despertar para a Verdade de nossa ascendência, para que todos nós, como irmãos, possamos reconstruir nosso planeta e transformá-lo numa Terra de paz, prosperidade e felicidade.

Mude Sua Vida, Mude o Mundo é um raio de luz cheio de sabedoria universal sobre a alma que habita cada um de nós e sobre o propósito divino da alma humana dentro do vasto Universo. Este livro abrirá as portas mais profundas da sua consciência. Como criatura de Deus, você descobrirá o poder da essência divina dentro de si e verá que, tendo este saber espiritual como guia, cada um de nós tem o poder de transformar vidas e mudar o mundo.

Outros Livros de Ryuho Okawa

Encontre o poder para *Mudar Sua Vida e Mudar o Mundo* aprendendo a:
- Dar amor ao próximo, incondicionalmente
- Compreender o significado da sua vida e do mundo
- Transformar a Terra num mundo ideal

A Mente Inabalável
Como Superar as Dificuldades da Vida
IRH Press do Brasil

Muitas vezes nos sentimos incapazes de lidar com os obstáculos que a vida coloca em nosso caminho. Sejam eles problemas pessoais ou profissionais, tragédias inesperadas ou dificuldades que nos acompanham há tempos, com frequência nos sentimos impotentes.

De acordo com o líder espiritual Ryuho Okawa, a melhor forma de encontrar uma solução para tais situações é ter uma mente inabalável. Neste livro, ele descreve maneiras de adquirir confiança em si mesmo e alcançar o crescimento espiritual, adotando como base uma perspectiva espiritual.

Se você tiver vontade e disposição para aprender com todas as lições swque a vida lhe apresenta – sejam elas boas ou ruins –, toda dificuldade poderá ser transformada em alimento para a alma.

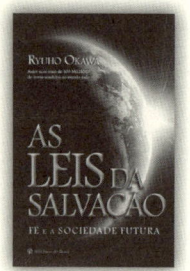

As Leis da Salvação
Fé e a Sociedade Futura
IRH Press do Brasil

Este livro, que faz parte da série escrita por Ryuho Okawa sobre as "Leis Divinas", reúne várias palestras sobre o tema da fé. Embora tenham sido dirigidas inicialmente para o público japonês, estas palestras trazem conceitos e explicações relevantes para qualquer pessoa, pois ajudam a elucidar os mecanismos da vida e o que ocorre depois dela, permitindo com isso que os seres humanos adquiram maior grau de compreensão, progresso e felicidade.

Em *As Leis da Salvação – Fé e a Sociedade Futura*, o autor apresenta a possibilidade de salvação para a humanidade que vive no século 21 e abre um novo caminho para a nascente Era Espacial. Além disso, aborda importantes questões, como a verdadeira natureza do homem enquanto ser espiritual. A partir dessa nova perspectiva, explica a necessidade da religião, a existência do bem e do mal, a importância das escolhas, o papel do governo, a possibilidade do armagedom, como seguir o caminho da fé e ter esperança no futuro, entre outros temas.

Outros Livros de Ryuho Okawa

O Próximo Grande Despertar
Um Renascimento Espiritual
IRH Press do Brasil

Este livro traz revelações surpreendentes, algumas até difíceis de acreditar, que podem desafiar muitas de suas crenças na vida. Mas não se trata de invenção; essas informações foram transmitidas pelos Espíritos Superiores ao Mestre Okawa, para que ele ajude você a compreender a verdade sobre o que está acontecendo por trás da cortina que chamamos de "realidade".

Se você ainda não está plenamente convencido de que o que podemos ver, ouvir, tocar, experimentar e sentir está muito longe de tudo o que nos rodeia; se você ainda não está certo de que os Espíritos Superiores, os Anjos de Guarda e os alienígenas de outros planetas e galáxias existem aqui na Terra, então leia este livro. A futura civilização pela qual trabalhamos só pode se tornar a cultura prevalecente no mundo se continuarmos a explorar e descobrir as verdades absolutas do Mundo Espiritual e do universo, que abrangem a visitação alienígena, a vida existente em outros planetas e o significado essencial da vida na Terra, o que a Inteligência Suprema deseja para nós e de nós.

A Última Mensagem de Nelson Mandela para o Mundo

Ame, Nutra e Perdoe
*Um Guia Capaz de
Iluminar Sua Vida*
IRH Press do Brasil

Este livro apresenta um guia para uma filosofia de vida no qual o autor, Ryuho Okawa, revela os segredos para o crescimento espiritual através dos estágios do amor, baseado em suas próprias experiências de vida. Cada estágio do amor representa um nível de elevação no desenvolvimento espiritual. O objetivo do aprimoramento da alma humana na Terra é progredir por esses estágios e desenvolver uma nova visão do maior poder espiritual concedido aos seres humanos: o amor.

    O sucesso verdadeiro somente pode ser obtido ao se praticar o altruísmo no contexto familiar e na sociedade moderna. O livro ensina muitos aspectos para aqueles que são buscadores, tais como a Independência e a Responsabilidade que, quando aplicadas com base no amor, têm o poder de transformar a vida das pessoas, fazendo cada uma se tornar um gerador de luz indispensável ao crescimento material e espiritual. Mostra de forma clara e prática como manter em seu coração o preceito transformador *Ame, Nutra e Perdoe.*

Outros Livros de Ryuho Okawa

As Leis da Imortalidade
O Despertar Espiritual
para uma Nova Era Espacial
IRH Press do Brasil

Chegou o momento de entrar em uma nova era de espiritualidade; para isso, devemos nos unir sob uma única consciência como "povo da Terra"

Talvez você não tenha reparado, mas milagres estão ocorrendo de fato o tempo todo à nossa volta. Em *As Leis da Imortalidade*, o mestre Okawa revela as verdades sobre os fenômenos espirituais. Ele ensina que leis espirituais eternas realmente existem, e como essas leis moldam o nosso mundo e os mundos além deste que conhecemos. Será através do conhecimento dessas leis e da crença na verdade invisível que os problemas do mundo poderão ser resolvidos e se manterá o planeta inteiro unido.

     Milagres e ocorrências espirituais dependem não só do Mundo Celestial, mas sobretudo de cada um de nós e do poder contido em nosso interior – o poder da fé. Quando você descobrir estes segredos neste livro, sua visão de si mesmo e do mundo será modificada completamente e para sempre.

A Essência de Buda
*O Caminho da Iluminação
e da Espiritualidade Superior*
IRH Press do Brasil

O Caminho da Iluminação e da Espiritualidade deve ser trilhado com determinação e perseverança por aqueles que estão em busca da Verdade. Esse é o caminho da eterna evolução espiritual.

A Essência de Buda é um guia espiritual que ensina como viver a vida com um verdadeiro significado e propósito. Mostra uma visão contemporânea do caminho que vai muito além do budismo, a fim de orientar os que estão em busca da iluminação e da espiritualidade, escrito por um dos mais eminentes líderes espirituais da atualidade.

Neste livro você descobrirá que os fundamentos espiritualistas tão difundidos hoje em dia na verdade foram ensinados originalmente por Buda Shakyamuni e fazem parte do budismo, tal como os *Oito Corretos Caminhos, as Seis Perfeições e a Lei de Causa e Efeito, o Vazio, o Carma, a Reencarnação, o Céu e o Inferno, a Prática Espiritual, a Meditação e a Iluminação*. Esse é o caminho rumo à expansão da consciência, passando das preocupações materiais para uma compreensão de uma realidade espiritual que não pode ser vista. *A Essência de Buda* é sobre viver a vida com sentido e propósito. Oferece uma interpretação contemporânea do caminho para a iluminação.

A iluminação é uma conquista potencial de todo ser consciente. O caminho que leva até ela é uma expansão da consciência, partindo das preocupações materiais para uma maior consciência da realidade espiritual não visível. Isto – aliado à prática do amor que dá, em lugar da mera expectativa de ser amado – constitui o único caminho para a felicidade e para um mundo melhor.

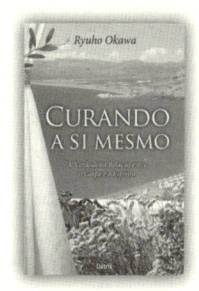

Curando a Si Mesmo
A Verdadeira Relação entre Corpo e Espírito
IRH Press do Brasil

Por que as pessoas ficam doentes e como podem se curar?

Em *Curando a Si Mesmo*, Ryuho Okawa revela as verdadeiras causas das doenças e os remédios para várias delas, que a medicina moderna ainda não consegue curar.

Para ajudá-lo a encontrar o caminho do bem-estar, o mestre Okawa oferece não apenas conselhos espirituais, mas também de natureza prática. Seguindo os passos sugeridos neste livro, a sua vida mudará completamente e você descobrirá a verdade sobre a mente e o corpo.

Este livro contém revelações sobre o funcionamento da possessão espiritual e mostra como podemos nos livrar dela. Revela segredos do funcionamento da alma e explica como o corpo humano está ligado ao plano espiritual.

Estou bem!
7 passos para uma vida feliz
IRH Press do Brasil

Diferentemente dos textos de autoajuda escritos no Ocidente, este livro traz filosofias universais que irão atender às necessidades de qualquer pessoa. Um verdadeiro tesouro, repleto de reflexões que transcendem as diferenças culturais, geográficas, religiosas e raciais. É uma fonte de inspiração e transformação que dá, em linguagem simples, instruções concretas para uma vida feliz. Seguindo os passos deste livro, você poderá dizer "Estou bem!" com convicção e um sorriso amplo, onde quer que esteja e diante de qualquer circunstância que a vida lhe apresente.

As Leis Místicas
Transcendendo as Dimensões Espirituais
IRH Press do Brasil

Um novo momento espiritual se inicia na Terra. A humanidade está entrando numa nova era de despertar espiritual graças a um grandioso plano, estabelecido há mais de 150 anos pelos espíritos superiores, para divulgar a Filosofia do Mundo Espiritual. Eles desejam que os seres humanos acordem para a realidade do espírito e para a verdade da existência do Mundo Espiritual. Aqui são esclarecidas muitas questões sobre espiritualidade, ocultismo, misticismo, hermetismo, espiritismo, possessões e fenômenos místicos, canalizações, comunicações espirituais e milagres que não foram ensinados nas escolas nem nas religiões.

Este novo movimento está promovendo grandes transformações, norteadas pela Happy Science, que ensina as Verdades do Grande Universo mediante modernos ensinamentos espirituais e herméticos. Depois de ler este livro, sua maneira de viver vai mudar por completo, pois você compreenderá o verdadeiro significado da vida na Terra e o desejo dos espíritos guias do mundo celestial, fortalecerá sua fé e religiosidade, despertando o poder de superar seus limites e até manifestar milagres por meio de fenômenos sobrenaturais.

As Leis do Futuro
Os Sinais da Nova Era
IRH Press do Brasil

Chegou o momento do despertar para a humanidade. Este livro é o portal que as pessoas precisam atravessar para melhorar o próprio destino e, assim, transformar a humanidade pela força do pensamento e da espiritualidade. O futuro está em suas mãos. O destino não é algo imutável, e pode ser alterado por seus pensamentos e suas escolhas. Nesta nova era, as nações do mundo estão voltadas para o materialismo e o capitalismo, e as pessoas são pressionadas a competir pela sobrevivência, contrariando os planos dos espíritos superiores para a evolução da humanidade. Mas ainda há tempo de mudar seu futuro, o de sua família e da humanidade, e o momento é agora. Tudo depende de seu despertar interior, pois só assim é possível criar um futuro brilhante.

É preciso adotar um modelo de pensamento, de ação, que conduzirá a sociedade que surge. Em meio à diversidade cultural do mundo, qual cultura milenar poderá se tornar um alicerce para estabelecer os conceitos de educação, liderança e princípios sociais? Que tipo de espiritualidade as pessoas devem adotar para realmente transformar a Terra num planeta de luz? Aqui estão as respostas: podemos encontrar o Caminho da Vitória usando a força do pensamento para obter sucesso na vida material e espiritual. Desânimo e fracasso são coisas que não existem de fato: não passam de lições para o nosso aprimoramento nesta escola chamada Terra. Precisamos buscar novos desafios e encará-los de forma positiva para construirmos um futuro digno de seres em evolução e ascensão. Ao ler este livro, a esperança renascerá em seu coração e você cruzará o portal para a nova era.

As Leis do Sol
As Leis Espirituais e a História que Governam Passado, Presente e Futuro
Editora Best Seller

Você gostaria de conhecer a verdade sobre a natureza do espírito e da alma? Quais são as leis espirituais e como podemos aprender a viver em harmonia com elas? O que acontece de fato quando morremos? De

Outros Livros de Ryuho Okawa

onde viemos originalmente? Em que parte do universo os seres humanos foram criados e qual a nossa relação com seres de outras partes do universo?

Neste livro poderoso, Ryuho Okawa revela a natureza transcendental da consciência e os segredos do nosso universo multidimensional, bem como o lugar que ocupamos nele. Ao compreender as leis naturais que regem o universo, e desenvolver sabedoria através da reflexão com base nos Oito Corretos Caminhos ensinados no budismo, o autor tem como acelerar nosso eterno processo de desenvolvimento e ascensão espiritual.

As Leis do Sol revela o caminho para se chegar à verdadeira felicidade – uma felicidade que inicia neste mundo e se estende ao outro. Mostra uma visão moderna e atualizada dos ensinamentos budistas e aborda várias questões vitais, inclusive como nossos pensamentos criam a realidade e quais são os diferentes estágios do amor espiritual e do amor humano.

A publicação deste livro havia sido profetizada por Nostradamus em meados do século 16, com a seguinte frase: "Quando forem pregadas ´As Leis do Sol´ no País do Leste, minhas profecias encerram sua missão e se inicia uma nova era na Terra".

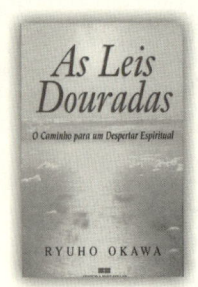

As Leis Douradas
O Caminho para um Despertar Espiritual
Editora Best Seller

Ao longo da história, os Grandes Espíritos-Guia de Luz têm estado presentes na Terra, tanto no Oriente como no Ocidente, em momentos cruciais da história humana, para cuidar do nosso desenvolvimento espiritual. Entre eles, o Buda Shakyamuni, Jesus Cristo, Confúcio, Sócrates, Krishna e Maomé.

As Leis Douradas revela como o plano de Deus, o Buda criador do Universo, tem sido implantado na Terra, e faz um resumo dos 5 mil anos de história da humanidade, sob o ponto de vista espiritual. Ao entendermos o verdadeiro curso da história, por meio do seu passado, presente e futuro, não há como não nos tornarmos conscientes do significado da nossa missão espiritual na presente era.

As Leis Douradas apresentam uma visão do Supremo Espírito que rege o Grupo Espiritual da Terra, El Cantare, revelando como o plano de Deus tem sido concretizado neste planeta ao longo do tempo. Depende de todos nós vencer o desafio, trabalhando juntos para ampliar a Luz. Este livro completa a trilogia que inclui *As Leis do Sol* e *As Leis da Eternidade*.

Outros Livros de Ryuho Okawa

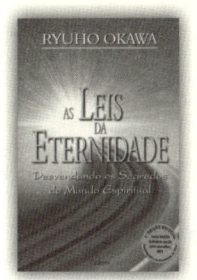

As Leis da Eternidade
A Revelação dos Segredos das Dimensões Espirituais do Universo
Editora Cultrix

Cada uma de nossas vidas é parte de uma série de vidas cuja realidade se assenta no Outro Mundo espiritual. Neste livro esclarecedor, Ryuho Okawa revela os aspectos multidimensionais do Outro Mundo, descrevendo suas dimensões, características e as leis que o governam.

As Leis da Eternidade fornece uma explicação profunda das razões por que é essencial para nós compreendermos a estrutura e a história do mundo espiritual, pois agora é momento de encontrar explicação da razão de nossas vidas – como parte da preparação para a Era Dourada que está por se iniciar.

Saiba quais são as dimensões espirituais que existem e que tipo de espíritos vivem lá. Ao ler o livro, descobriremos segredos sobre o mundo espiritual até então ocultos da humanidade.

Saiba por que anjos de luz se esforçam por ajudar a humanidade e como podemos nos aperfeiçoar como espíritos para ascender às mais elevadas dimensões.

As Chaves da Felicidade
OS 10 Princípios para Manifestar a Sua Natureza Divina
Editora Cultrix

Esta obra apresenta os 10 princípios básicos que podem servir como uma bússola para uma vida espiritual.

Os seres humanos estão em busca da felicidade, no entanto, tornam-se cada vez mais infelizes por não obterem a realização de seus desejos e ideais. Neste livro, o mestre Ryuho Okawa mostra de forma simples e prática como podemos desenvolver nossa vida de forma brilhante e feliz neste mundo e no outro.

Os princípios da felicidade: Amor, Conhecimento, Reflexão, Mente, Iluminação, Progresso, Sabedoria, Utopia, Salvação, Autorreflexão e Oração – são esses os princípios que podem servir de bússola para uma vida espiritual, permitindo que cada um de nós traga felicidade e crescimento espiritual para si mesmo e para todos à sua volta. Este livro é uma compilação das primeiras palestras de Ryuho Okawa, líder espiritual e fundador da Happy Science, que cresceu até se tornar um dos movimentos espirituais mais influentes no Japão nos últimos vinte anos. Suas palavras apaixonadas e seus altos ideais vão tocar as profundezas do seu coração.

Outros Livros de Ryuho Okawa

O Ponto de Partida da Felicidade
Um Guia Prático e Intuitivo para Descobrir o Amor, a Sabedoria e a Fé
Editora Cultrix

Neste livro, Ryuho Okawa ilustra muito bem como podemos obter a felicidade e levar uma vida com um propósito. Ele aconselha os buscadores espirituais a serem fortes quando ocorrerem dificuldades, a respeitar e amar os outros e a sintonizarem-se com o desejo do universo. Assim procedendo, estaremos trilhando o caminho da felicidade.

Como seres humanos viemos a este mundo sem nada e sem nada o deixaremos. Entre o nascimento e a morte, a vida nos apresenta inúmeras oportunidades e grandes desafios. Segundo o autor de best-sellers e mestre espiritual Ryuho Okawa, nós podemos nos dedicar à aquisição de propriedades e bens materiais ou procurar o verdadeiro caminho da felicidade – construído com o amor que dá, não com o que recebe, que acolhe a luz, não as trevas, emulando a vida e as qualidades das pessoas que viveram com integridade, sabedoria e coragem.

Em *O Ponto de Partida da Felicidade*, Okawa mostra com muita beleza o modo de alcançar a felicidade e viver uma vida plena de sentido.

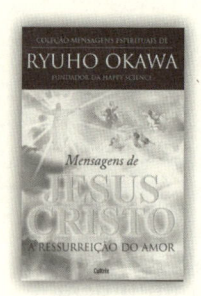

Mensagens de Jesus Cristo
A Ressurreição do Amor
Editora Cultrix

A série *Mensagens Espirituais de Ryuho Okawa* é de autoria do fundador e presidente da Instituição Religiosa Happy Science, Ryuho Okawa, que recebeu mensagens de diversos espíritos com o objetivo de comprovar a existência do mundo espiritual.

Através do mestre Ryuho Okawa está manifestada a consciência espiritual do Supremo Deus do Grupo Espiritual Terrestre, Senhor El Cantare (que significa "o planeta repleto de Luz"). Desde os tempos remotos, El Cantare tem guiado os Espíritos de luz e Superiores (Messias, Budas, Anjos e Arcanjos) da Terra e a grande entidade que orienta toda a humanidade no âmbito global.

Muitos Espíritos Superiores que fazem parte do grupo de guias espirituais que orientam a humanidade através da Happy Science apoiam o movimento de salvação global empreendido por essa instituição.

Outros Livros de Ryuho Okawa

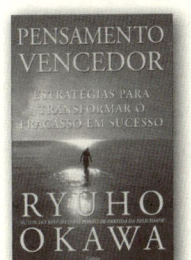

Pensamento Vencedor
*Estratégia para Transformar
o Fracasso em Sucesso*
Editora Cultrix

A vida pode ser comparada à construção de um túnel, pois muitas vezes temos a impressão de ter pela frente como obstáculo uma rocha sólida. O pensamento vencedor opera como uma poderosa broca, capaz de perfurar essa rocha. Quando praticamos esse tipo de pensamento, nunca nos sentimos derrotados em nossa vida.

O pensamento vencedor se baseia em teorias de aplicação prática e abrange as ideias de autorreflexão e progresso. Ao ler, saborear e praticar a filosofia contida neste livro, e usá-la como seu próprio poder, você será capaz de declarar que não existe essa coisa chamada derrota – só existe o sucesso.

As Leis da Felicidade
*Os Quatro Princípios para
uma Vida Bem-Sucedida*
Editora Cultrix

Hoje, muitas pessoas acreditam estar em busca da felicidade, mas seus esforços só as tornam cada vez mais infelizes. *As Leis da Felicidade* é uma introdução básica aos ensinamentos de Ryuho Okawa, ilustrando o cerne de sua filosofia. Ele ensina que, se as pessoas conseguem dominar os Princípios da Felicidade

– Amor, Conhecimento, Reflexão e Desenvolvimento –, elas podem fazer sua vida brilhar, tanto neste mundo como no outro; pois esses princípios, que se baseiam nas experiências de Okawa, são os nossos recursos para escapar do sofrimento.

Okawa mostra como é possível você se libertar do sofrimento do amor egoísta, como parar de lamentar sua ignorância e aprender, por meio do estudo, a eliminar as influências espirituais negativas pela autorreflexão e como seus pensamentos fortes podem se realizar. Essas são as chaves para criar a era espiritual que está por vir e que o autor chama de "A Era do Sol".

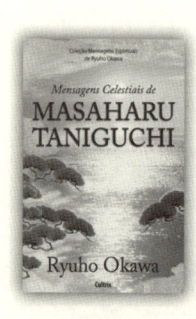

Mensagens Celestiais de Masaharu Taniguchi
Editora Cultrix

O fundador da Seicho-no-ie, Masaharu Taniguchi, dedicou-se por mais de 50 anos à difusão da Verdade, até o seu falecimento, em 1985. Mais de vinte anos depois, com o objetivo de comprovar a existência da vida após a morte, Taniguchi transmitiu mensagens por intermédio das faculdades espirituais elevadas do mestre Ryuho Okawa, fundador e presidente da Happy Science e autor de centenas de livros contendo mensagens de Espíritos Superiores.

Neste livro, revela-se o que Masaharu Taniguchi encontrou no outro mundo após a desencarnação e confirma a verdade de que Deus, ou o Buda Eterno, conhecido

Outros Livros de Ryuho Okawa

na Happy Science por El Cantare, é o mesmo que deu origem a todas as religiões. Com um relato detalhado sobre a vida após a morte e ensinamentos de profunda sabedoria, o mestre Okawa nos proporciona um riquíssimo manancial para o estudo profundo da Verdade.

GRÁFICA PAYM
Tel. (11) 4392-3344
paym@terra.com.br